COLLECTION

Victorien Sardou

Objets d'Art, Sculptures, Boiseries
Dessins, Aquarelles

COLLECTION
VICTORIEN SARDOU

CONDITIONS DE LA VENTE

Elle sera faite au comptant.

Les adjudicataires paieront *dix pour cent* en sus des enchères.

L'exposition mettant le public à même de se rendre compte de l'état et de la nature des objets, aucune réclamation ne sera admise une fois l'adjudication prononcée.

CATALOGUE

DES

OBJETS D'ART

BOISERIES

Panneaux, Portes, Montants, Encadrements, Trumeaux
Pilastres, Colonnes

DES XVIIe ET XVIIIe SIÈCLES

TRAINEAUX, ÉTENDARDS, MEUBLES

SCULPTURES

GROUPE EN PIERRE DU XVIIIe SIÈCLE

DESSINS, AQUARELLES, GOUACHES

Principalement de l'École Française du XVIIIe siècle

DONT LA VENTE

Après décès de M. VICTORIEN SARDOU

AURA LIEU A PARIS

HOTEL DROUOT, SALLES N°s 5 & 6

Les Mardi 15 et Mercredi 16 Juin 1909, à 2 heures

COMMISSAIRES-PRISEURS

Me F. LAIR-DUBREUIL	**Me HENRI BAUDOIN**
6, rue Favart, 6	Successeur de Me PAUL CHEVALLIER
PARIS	10, rue Grange-Batelière, 10

Experts pour les Dessins :

M. G. SORTAIS	**M. JULES FÉRAL**
PEINTRE-EXPERT PRÈS LE TRIBUNAL CIVIL	7, rue Saint-Georges, 7
11, rue Scribe, 11	PARIS

Experts pour les Objets d'art :

MM. MANNHEIM	**MM. PAULME & B. LASQUIN Fils**
7, rue Saint-Georges, 7	10, rue Chauchat 12, rue Laffitte

EXPOSITION PUBLIQUE, SALLES N°s 5, 6 & 7

Le Lundi 14 Juin 1909, de 1 heure 1/2 à 5 heures 1/2

ORDRE DES VACATIONS

Le Mardi 15 Juin 1909

Numéros.

Aquarelles, Dessins, Gouaches . . . . 1 à 71
Objets divers . . . . 72 à 101

Le Mercredi 16 Juin 1909

Bois sculptés, Boiseries, Cadres . . . . 102 à 191

Aquarelles, Dessins

BÉLANGER
(HIPPOLYTE)

1 — **La Prise d'une barricade.**

> Dessin au lavis de bistre, au crayon noir et à l'estompe, rehaussé de gouache.

BÉRAIN
(Genre de)

2 — **Arabesques.**

> Aquarelle gouachée sur fond d'or.

BERTOLI
(DANIEL-ANTOINE)

3 à 10 — **Personnages de comédie et de ballet.**

> Huit dessins au lavis d'encre de Chine, lavés d'aquarelle.
> Ce numéro pourra être divisé.

BERTOLI
(DANIEL-ANTOINE)

11 — **Figures et costumes.**

    Suite de soixante-cinq dessins à la plume, au lavis de bistre et d'encre de Chine, pour le théâtre.

BERTOLI
(DANIEL-ANTOINE)
(DEUX PENDANTS)

12 — **Portrait de jeune femme.**

13 — **Portrait d'un gentilhomme.**

    Dessins à la pierre d'Italie.

BERTOLI
(DANIEL-ANTOINE)

14 — **La Danseuse de corde.**

    Dessin à la mine de plomb.

BIBIENA
(JOSEPH)

15 — **Composition d'architecture.**

    Dessin à la plume et à la sépia.

BOISSIEU
(JEAN-JACQUES DE)

16 — **Les Boulevards de Paris en 1808.**

    Aquarelle.

BOUCHER
(École de)

17 — **Scène de comédie.**

Dessin au lavis d'encre de Chine.

DEVÉRIA
(Attribué à EUGÈNE)

18 — **La Terrasse des Tuileries.**

Dessin au lavis de bistre, rehaussé de gouache.

GARBIZZA

19 — **La Malmaison.**

Dessin à la plume et au lavis d'encre de Chine.

GUÉ
(OSCAR)

20 — **Entrée de ville.**

Aquarelle signée à gauche.

GUYS
(CONSTANTIN)

21 — **Femmes en toilette.**

Deux dessins à l'encre de Chine, au crayon noir et à l'estompe.

GUYS
(CONSTANTIN)

22 — **Une présentation au Roi Ferdinand.**

Dessin à la plume, au crayon noir et à l'estompe.

GUYS
(CONSTANTIN)

23 — **Études de figures.**

A droite, on lit un autographe : « *Quelques* tombées *de l'Exposition Guys (pour les cartons de mon cher Sardou).* — Nadar. »

Trois dessins à la plume, au lavis d'encre de Chine et de bistre, au crayon noir et à l'estompe.

GUYS
(CONSTANTIN)

24 — **Figures, chevaux et voitures.**

Quatre dessins à l'encre de Chine, au crayon noir et à l'estompe.

GUYS
(CONSTANTIN)

25 — **Figures et portraits.**

Sept dessins à la plume, au crayon noir, à l'estompe et au lavis d'encre de Chine.

HAMILTON

26 — **Les Boulevards de Paris.**

Aquarelle, signée à droite.

HUET
(Attribuée à JEAN-BAPTISTE)

27 — **Pastorale.**

Aquarelle.

KLINGSTET
(Attribuée à CLAUDE)

28 — **Jeune femme dans un intérieur.**

    Aquarelle gouachée.

LE CLERC

29 à 37 — **Figures de ballet.**

    Neuf dessins à l'encre de Chine.

LEGENDRE
(LOUIS-FÉLIX)

38 — **Portrait de Louis XVIII.**

    Aquarelle.

LE GUAY
(Attribuées à)

39 — **Compositions allégoriques.**

    Six études de miniatures.
    Aquarelles gouachées de forme ronde.

LENOIR
(Le Chevalier ALEXANDRE-MARIE)

40 — **Vue de l'appartement de Lenoir, conservateur du Musée des monuments français, dans l'ancien couvent des Petits Augustins, quai Malaquais (1804).**

    Aquarelle.

LESPILLIEZ

41 — **Fontaine monumentale.**

    Dessin à la plume, signé et dédié au prince Guillaume de Hesse.

MARTINET
(ACHILLE-LOUIS)

42 — **Le Bain des Dames.**

    Dessin à la plume et au lavis d'encre de Chine.

MAYER
(Attribué à Mlle CONSTANCE)

43 — **Jeune femme en robe de mousseline blanche.**

    Dessin au crayon noir et à la sanguine, rehaussé de blanc.

MORLON
(ANTONY)

44 — **La Grenouillère.**

    Aquarelle signée à gauche.

NICOLE
(NICOLAS)

45 — **Le Pont au Double, Hôtel-Dieu de Paris.**

    Aquarelle.

NICOLE
(NICOLAS)

46 — **Les Arches du quai de Gesvres.**

    Aquarelle, signée et datée : *1786*.

PERNET

47 — **Paysage avec ruines, figures et animaux.**

    Dessin au bistre lavé d'aquarelle.

ROBERT
(Attribuée à HUBERT)

48 — **Ruines et personnages.**

    Aquarelle gouachée.

    Au dos, une inscription garantissant que ce dessin provient du graveur Janinet.

SANQUIRICO
(ALEXANDRE)

49 — **Fête de la Liberté.**

    Aquarelle.

SCHENEAU
(JEAN-ÉLÉAZAR)

50 — **Jeune femme coiffée d'un bonnet.**

    Dessin à la sanguine et au crayon noir rehaussé de pastel.

SENAVE
(Attribué à)

51 — Les Tonneliers.

Dessin aux crayons de couleurs.

TROOST
(Attribuée à CORNÉLIS)

52 — La Séduction.

Aquarelle.

TROY
(Attribué à JEAN-FRANÇOIS DE)

53 — La Peste de Marseille.

Dessin à la plume et au lavis d'encre de Chine.

VAUZELLES
(JEAN-LUBIN)

54 — Le Pont au Change.

Aquarelle, signée à droite.

VAUZELLES
(JEAN-LUBIN)

55 — Vue prise sous le quai de Gesvres.

Aquarelle, signée à droite.

VAUZELLES
(JEAN-LUBIN)

56 — Vue de l'Hôtel-Dieu.

Aquarelle.

WILLE
(PIERRE-ALEXANDRE)

57 — **Buste d'homme.**

   Dessin au crayon noir et à la sanguine, rehaussé de blanc.

WILLIAMS
(W.)

58 — **Matrimony.**

   Dessin à la sépia. Gravé par Jukes.

VINKELES

59 — **Vue de Paris en 1802.**

   Aquarelle.

ÉCOLE FRANÇAISE
xviiie siècle.
(DEUX PENDANTS)

60 — **Portrait d'un gentilhomme.**

61 — **Portrait d'un officier.**

   Dessins à la pierre d'Italie.

ÉCOLE FRANÇAISE
xviiie siècle.

62 — **Vue d'une ville en hiver.**

   Dessin au lavis d'encre de Chine.

ÉCOLE FRANÇAISE
xviiie siècle.

63 — **Jeune fille vue de profil, coiffée d'un bonnet.**
Dessin à la pierre d'Italie rehaussé de sanguine.

ÉCOLE FRANÇAISE
Fin du xviiie siècle.

64 — **La Promenade au jardin public.**
Aquarelle.

ÉCOLE FRANÇAISE
Commencement du xixe siècle.

65 — **Les Boulevards et la porte Saint-Martin.**
Aquarelle.

ÉCOLE FRANÇAISE

66 — **La Comédie dans le parc.**
Aquarelle gouachée.

ÉCOLE FRANÇAISE

67 — **Le Bataillon de la section des Buttes-Chaumont reçoit son drapeau et l'acclame.**
Aquarelle.

ÉCOLE HOLLANDAISE
xviie siècle.

68 — **La Salle commune.**
Dessin à la plume et au lavis d'encre de Chine.

ÉCOLE ITALIENNE
XVIIIe siècle.

69 — **La Procession.**
Aquarelle gouachée.

ÉCOLE MODERNE

70 — **Vue d'un château au bord d'un lac.**
Aquarelle gouachée.

---

71 — Sous ce numéro, qui sera divisé, seront vendus des dessins non catalogués.

Objets d'Art

OBJETS DIVERS

72 — DAUBIÈRE en forme de lapin, en faïence.

73 — GRAND TABLEAU, formé de carreaux de faïence hollandaise, à sujet de marines.
Haut., 1 m. 05; larg., 1 m. 40.

74-75 — LOT d'étendards.

76 — SABRE de la République.

77 — CAGE en fer, à feuillages.
Haut., 1 m. 25 environ.

78 — MARTEAU de porte en forme de couronne, deux vases provenant de chenets en bronze, mascaron en plomb. XVIII° siècle.

79 — GROUPE en bronze : personnage étouffant un lion. Signé : *G. Clère, 1864. Maison Thiébaut.*
Long., 60 cent.

80 — Buste-applique de satyre, en plomb peint blanc.

81 — Traîneau en bois sculpté et doré, orné d'une tête de cheval marin. xviie siècle.

Long., 2 m. 95.

82 — Traîneau en bois ajouré et sculpté, à feuillages, oiseaux et figures d'enfants. Travail hollandais. xviie siècle.

Long., 1 m. 60.

83 — Traîneau hollandais du xviiie siècle, en forme de lion, en bois sculpté et doré.

Long., 2 m. 65.

84 — Deux soufflets de foyer, l'un en bois sculpté, l'autre orné d'appliques en cuivre, aux armes de France.

Long., 68 cent.

85 — Deux consoles-appliques en bois sculpté et redoré, à sujet d'enlèvements et de fleurs. xviie siècle.

Haut., 45 cent.

86 — Support-applique en bois sculpté et doré, à draperies et feuillages du xviie siècle.

Haut., 33 cent.

87 — Douze fauteuils en bois mouluré du xviie siècle.

88 — Six bois de chaises à feuilles et moulures. Époque Louis XV.

89 — Console en bois sculpté, ajouré et peint gris, à rocailles. Époque Louis XV.

Haut, 75 cent.; larg., 97 cent.

90 — Deux gaines en bois sculpté et peint marron, à fruits, et gros mascarons.
Haut., 1 m. 80.

91 — Glace dans un cadre en bois doré, et glace à fleurs et rocailles. xviiie siècle.
Haut., 1 m. 80.

92 — Écran italien en bois sculpté et doré.

93 — Dessus de clavecin peint, présentant des personnages faisant de la musique. xviiie siècle.
Long., 1 m. 70; larg., 89 cent.

94 — Lot de fragments provenant de supports de clavecins, en bois sculpté et doré, à quadrillés et feuillages du temps de Louis XIV.

95 — Six mascarons de satyres, en pierre sculptée, du xviie siècle, provenant de fontaines.
Haut., 50 cent.

96 — Groupe en pierre sculptée, plus grand que nature, représentant une jeune femme drapée, tenant un miroir et accompagnée d'un amour lui tendant un masque. xviiie siècle.
Haut., 2 m. 10.

97 — Statue en plâtre peint blanc : le Génie du Printemps, d'après Monot, élève de Vassé.
Haut., 1 m. 90.

98 — Buste en terre cuite du Grand Dauphin.
Haut., 85 cent.

99 — Tête-applique de Méduse, en marbre blanc.
Haut., 40 cent.

100. — Deux sphinx en terre cuite.

Long., 85 cent.

101 — Deux gaines, plaquées de marbre de couleur.

Haut., 1 m. 13.

BOIS SCULPTÉS, BOISERIES
CADRES

102 — Deux petits panneaux, en bois sculpté, à fenestrages. Époque gothique.

Haut., 62 cent.

103 — Deux portes de chapelle, en bois ajouré et sculpté, à volutes, branchages et basilics. XVIe siècle.

Haut, 2 m. 65 ; larg. totale, 1 m. 40.

104 — Porte d'habitation, en bois sculpté, à cariatides, têtes de chérubins, grappes de fruits et moulures. Fin du XVIe siècle.

Haut, 2 m. 35; larg., 1 m. 60.

105 — Fronton, daté *1636*. Bois sculpté. XVIIe siècle.

Haut., 53 cent.; larg., 1 m. 55.

106 — Deux gros montants, à consoles et chutes, feuilles de chêne. Bois sculpté. XVIIe siècle.

Haut., 2 m. 60.

107 — Deux statuettes d'enfants nus, le bras levé, en bois sculpté. XVIIe siècle.

Haut., 87 cent.

BOIS SCULPTÉS, BOISERIES, CADRES

108 — Deux montants, en bois sculpté, à têtes d'amours, fruits et fleurs en ronde bosse. xvii⁰ siècle.

109 — Deux grosses guirlandes de feuilles de chêne, en bois sculpté, du xvii⁰ siècle.
Haut., 1 m. 85.

110 — Quatre grosses moulures à feuilles de chêne et rubans en bois sculpté. xvii⁰ siècle.

111 — Lot de fragments, en bois sculpté et doré, à guirlandes de roses, feuillages et volutes, composé de deux torchères et de deux grosses moulures. xvii⁰ siècle.

112 — Frise à grosses feuilles d'acanthe, en bois sculpté. xvii⁰ siècle.
Haut., 20 cent.; larg., 1 m. 30.

113 — Cadre de Christ, en bois sculpté, à feuillages, du temps de Louis XIV.
Haut., 98 cent.; larg., 53 cent.

114 — Cadre Louis XIV, en bois sculpté et redoré, à grosses palmettes et rinceaux.
Haut, 1 m. 10 ; larg., 1 mètre.

115 — Cadre en bois sculpté et doré à palmettes. Époque Louis XIV.
Haut., 1 m. 25 ; larg., 95 cent.

116 — Porte peinte à décor de rinceaux. Époque Louis XIV.
Haut., 2 mètres.

117 — Trois portes en bois sculpté, à quatre compartiments de feuillages et corbeilles de fleurs. Époque Louis XIV.
Haut, 2 m. 40.

118 — Deux montants ornés de volutes et de feuillages en bois sculpté et peint marron du commencement du xviiie siècle.

Haut., 1 m. 85.

119 — Trumeau en bois sculpté à quadrillés. Époque Régence.

120 — Deux grands montants du temps de la Régence, à rosace centrale, avec rinceaux en haut et en bas.

Haut., 3 mètres.

121 — Deux grands montants, à fleurs en haut et rosaces au centre. Époque Régence.

Haut., 3 mètre.

122 — Grand cadre de glace du temps de la Régence, en bois sculpté, surmonté d'un trophée d'instruments de musique.

Haut., 3 mètres; larg., 1 m. 20

123 — Deux grands panneaux en bois sculpté, à quatre compartiments contenant des rosaces et des attributs de l'amour. Époque Régence.

Haut., 3 m. 20; larg. d'un panneau, 0 m. 70.

124 — Deux grands panneaux en bois sculpté, à médaillon central, volutes et palmettes en haut et en bas. Époque Régence.

Haut., 2 m. 45; larg., 75 cent.

125 — Grand encadrement de glace, en bois sculpté du temps de la Régence, à moulures, rinceaux et palmettes.

Haut., 3 m. 50; larg., 2 mètres.

126 — Deux panneaux en chêne, du temps de la Régence, à grandes rosaces, entre deux compartiments contournés.
>> Haut., 1 m. 55; larg., 65 cent.

127 — Support-applique en bois sculpté et doré, à volutes et feuillages. Époque Régence.
>> Haut., 40 cent.; larg., 43 cent.

128 — Deux panneaux en bois sculpté, à compartiments contenant chacun une fleur. Époque Régence.
>> Haut., 1 m. 50.

129 — Deux pilastres étroits à chapiteaux corinthiens, en chêne sculpté, à rinceaux et fleurs. Époque Régence.
>> Haut., 2 mètres.

130 — Grand fronton en bois sculpté, muni d'un œil-de-bœuf ovale et décoré de rocailles, de feuillages et de moulures. Époque Régence.
>> Haut., 1 m. 10; larg., 2 m. 10.

131 — Deux portes d'intérieur en bois sculpté, décorées de compartiments à rosaces, quadrillés et entrelacs. Époque Régence.
>> Haut., 2 m. 95; larg. d'un vantail, 64 cent.

132 — Six panneaux variés en trois dimensions, décorés, les petits, d'une rosace au milieu de quadrillés, les grands, d'une rosace au milieu d'une volute. Époque Régence.
>> Haut. de l'un, 48 cent.; larg., 1 m. 29.

133 — Deux statuettes allégoriques, la Paix et la Guerre. Bois sculpté et peint blanc. Époque Régence.
>> Haut., 1 m. 20 et 1 m. 40.

134 — Gros support-applique en bois sculpté et doré du temps de la Régence, à décor de fleurs et de volutes sur fond carrelé.

Haut., 55 cent.; larg., 80 cent.

135 — Huit fragments de boiseries sculptés et peints blanc du temps de la Régence, à décor de moulures, coquilles, cartouches, fleurs et feuilles.

136 — Encadrement de glace en bois sculpté du temps de la Régence, à décor de rocailles, feuillages et oves.

Haut., 2 m. 10; larg., 1 m. 10.

137 — Partie supérieure d'une grande glace en bois sculpté du temps de la Régence, à décor de quadrillés et attributs de l'Amour.

Haut., 1 m. 33; larg., 1 m. 60.

138 — Cinq panneaux variés en bois sculpté et peint blanc ou marron, à décor d'entrelacs, de moulures et de feuillages. Époque Régence.

Haut. de l'un, 2 m. 05.

139 — Devant d'alcôve en bois sculpté et peint gris à fleurs, rocailles et ailes d'oiseaux. Époque Régence.

Haut., 58 cent.; larg., 1 m. 75.

140 — Quatre encadrements de portes en bois sculpté, à décor de fleurs et rocailles. Époque Régence.

Haut., 2 m. 60; larg., 70 cent.

141 — Deux départs de rampes en bois sculpté à rocailles. Époque Louis XV.

Haut., 1 m. 70.

BOIS SCULPTÉS, BOISERIES, CADRES

142 — PANNEAU en bois sculpté à rocailles, fleurs et coquilles. Époque Louis XV.

Haut., 1 m. 50 ; larg., 75 cent.

143 — TYMPAN de forme contournée, décoré d'attributs, en bois sculpté. Époque Louis XV.

144 — BOISERIE sculptée, décorée de rocailles, instruments de musique, rubans et cordelettes. Elle comprend deux grandes impostes et de nombreux panneaux et pilastres. Époque Louis XV.

145 — DEUX GRANDS ENCADREMENTS de fenêtres en bois sculpté à rocailles, du temps de Louis XV.

Haut., 2 m. 80 ; larg., 2 m. 20.

146 — DEUX GROSSES VOLUTES en bois sculpté, à décor de feuillages et rocailles. Époque Louis XV.

Haut., 2 mètres.

147 — GRAND CADRE en bois sculpté, peint gris et or, à décor de rocailles, grosses fleurs et treillage simulé. Époque Louis XV.

Haut., 2 m. 20 ; larg., 1 m. 85.

148 — PANNEAU en bois sculpté, du temps de Louis XV, à décor de rocailles et monogramme, avec la date : *1763*.

Haut., 80 cent.; larg., 83 cent.

149 — PETIT CADRE-APPLIQUE en bois sculpté et peint blanc, à décor de moulures enguirlandées de feuillages. Fin de l'époque Louis XV.

Haut., 95 cent.; larg., 90 cent.

150 — Lot de fragments de rampes d'escalier, à décor de médaillons et fleurs sur les montants et d'oiseaux enchaînés sur les volutes de départ. Époque Louis XV.

151 — Partie supérieure de panneau en bois sculpté, à décor d'attributs de l'amour entourés de feuillages et appliques sur fond de bois. Fin de l'époque Louis XV.

Haut., 1 m. 10 ; larg., 1 m. 15.

152 — Deux panneaux en bois sculpté et peint gris, présentant chacun un médaillon contenant un vase de fleurs et entouré de grosses feuilles. Époque Louis XV.

Haut., 90 cent. ; larg., 1 m. 55.

153 — Cadre en bois sculpté et doré, à petites feuilles. Époque Louis XVI.

Haut., 2 mètres ; larg., 1 m. 20.

154 — Cadre de glace étroit, en bois sculpté et doré, à petites feuilles. Époque Louis XVI.

Haut., 2 m. 40 ; larg., 53 cent.

155 — Trumeau en bois sculpté et peint gris, décoré d'attributs de l'amour. Époque Louis XVI.

Haut., 8 cent.; larg., 87 cent.

156 — Cadre démonté en bois sculpté, à feuilles de laurier. Époque Louis XVI.

157 — Cadre démonté en bois doré, à rubans et perles. Époque Louis XVI.

158 — Encadrement d'alcôve de trois pièces en bois sculpté et polychromé, à fleurs et tourterelles. Époque Louis XVI.

Haut., 2 m. 80 ; larg., 2 m. 63.

159 — Encadrement en chêne et sapin partiellement dorés, à moulures et feuilles de laurier. Époque Louis XVI.

160 — Deux petites frises, en bois sculpté, présentant chacune une couronne de fleurs au milieu de branches de laurier. Époque Louis XVI.

Haut., 24 cent.; larg., 1 m. 03.

161 — Dessus de porte, en bois sculpté et peint gris, présentant, au milieu de rinceaux, une figure d'enfant nu terminée par des feuillages. Époque Louis XVI.

Haut., 72 cent; larg., 1 m. 27.

162 — Panneau en bois sculpté, présentant une allégorie de l'hiver au milieu de rinceaux et de figures d'enfants à corps terminés en feuillages. Époque Louis XVI.

Haut., 1 m. 75; larg., 90 cent.

163 — Fronton de glace en bois sculpté, présentant divers attributs, ainsi qu'un médaillon contenant un buste de Voltaire. Époque Louis XVI.

Haut., 45 cent.; larg., 93 cent.

164 — Deux petits montants a fleurs, en bois sculpté, du temps de Louis XVI.

Haut., 75 cent.

165 — Dessus de trumeau en bois sculpté et rapporté sur fond de bois, à décor d'attributs de jardinage. Époque Louis XVI.

Haut., 1 m. 35; larg., 80 cent.

166 — Deux encadrements de trumeaux en bois sculpté et doré, simulant des palmiers. xviiie siècle.

Haut., 2 m. 75; larg., 90 cent.

167 — Chapiteau de pilastre corinthien, en bois sculpté et doré du xviiie siècle.

168 — Trois frises à grosses feuilles et cannelures variées, en bois sculpté du xviiie siècle.

169 — Quatre grosses consoles-supports en bois sculpté à feuillages. xviiie siècle.

170 — Frise en deux parties, à enroulements de grosses feuilles. Bois sculpté, xviiie siècle.

171 — Frise à feuilles en bois sculpté. xviiie siècle.

172 — Frise à grosses feuilles en bois sculpté du xviiie siècle.

173 — Devant d'alcôve en bois sculpté à fleurs. xviiie siècle.

Larg., 2 m. 20.

174 — Deux pilastres ioniques, en bois sculpté à cannelures rudentées. xviiie siècle.

Haut., 2 m. 95.

175 — Quatre dessus de portes en bois sculpté, peint gris et doré, à médaillons contenant des grisailles et encadrés de guirlandes de fleurs. xviiie siècle.

Haut., 90 cent; larg., 1 m. 05.

176 — Boiserie unie à moulures. xviiie siècle.

177 — Quatre pilastres en deux modèles, à chapiteaux feuillagés. Bois sculpté. xviiie siècle.

Haut., 2 m. 70 ; larg., 2 m. 40.

178 — Deux colonnes cannelées et rudentées, à chapiteaux corinthiens. Bois sculpté. xviiie siècle.
Haut., 3 mètres.

179 — Onze pilastres, avec leurs chapiteaux corinthiens, en bois sculpté, à décor de cannelures rudentées. xviiie siècle.
Haut., 3 m. 40; larg. de l'un, 34 cent.

180 — Deux cadres ovales en bois sculpté, décorés de tournesols. xviiie siècle.
Ouverture intérieure : Haut., 75 cent. ; larg., 57 cent.

181 — Huit panneaux, ornés de gravures découpées, enluminées et vernies, sur fond de bois. xviiie siècle.

182 — Cadre de glace en bois sculpté, à rocailles. Travail hollandais du xviiie siècle.
Haut., 1 m. 80; larg., 80 cent.

183 — Cadre de glace en bois sculpté et doré, à décor de rocailles et baguettes enrubannées. Hollande, xviiie siècle.
Haut., 89 cent. ; larg., 59 cent.

184 — Petit cadre de glace en bois sculpté et doré, à rocailles et fleurs. Hollande, xviiie siècle.
Haut., 90 cent.; larg., 44 cent.

185 — Fort lot de moulures en bois sculpté pour encadrements des xviie et xviiie siècle. Sera divisé.

186 — Quatre colonnes cannelées avec leurs chapiteaux composites en bois sculpté.
Haut., 3 m. 29.

187. — Fronton à cartouche en bois sculpté et peint, à feuillages, avec inscription rapportée.

188. — Lot de fragments de feuilles, fleurs, guirlandes, etc., en bois peint gris, doré, etc.

189. — Deux cariatides en bois sculpté et doré.

190. — Haut de trumeau en pâte, orné de guirlandes de fleurs et d'un médaillon buste sur fond de bois.

Haut., 80 cent.; larg., 1 m. 02.

191. — Deux dessus de portes en pâte, à médaillons et rinceaux.

Haut., 75 cent.; larg., 1 m. 12.